APRENDIZ DE BRUJA

*Para Felix, Indiana, Eva, Elías
y los que están por llegar.
Os quiero y adoro.*

sm

ÍNDICE

HECHIZOS
Pág. 60
DIARIO
DE UNA BRUJA
Pág. 87

¿QUÉ ES
UNA BRUJA?

ANTES DE QUE SIGAS LEYENDO

¿Qué es una bruja? Bueno, depende
de dónde busques, encontrarás
un montón de respuestas diferentes.

Las brujas son, ante todo,
personajes de ficción, ¡las protagonistas
de infinidad de historias y leyendas!

En estos relatos, las brujas proceden
de caminos y tradiciones diferentes.
Pero todos ellos coinciden en que las brujas
usan su energía para hacer cambios
por medio de conjuros y rituales.

Las brujas usan hierbas, encantamientos
y otras herramientas para hacer hechizos,
ver el futuro... ¡y muchas más cosas!

Son personajes que confían en sí mismos
y en la naturaleza para intentar conseguir
sus deseos, ya sea proteger un hogar,
recuperar una amistad o, simplemente,
encontrar un propósito.

Tal vez deseas saber cómo conectan
con la naturaleza, qué tipos de brujas hay
o las distintas tradiciones relacionadas
con las plantas o los colores.

Y, sobre todo, no te preocupes
si te llaman «bruja» porque,
a pesar de la fama que
las precede, en el fondo
son solo seres que tienen
una gran energía y la utilizan
para buenos propósitos.

LAS BRUJAS
Y LA NATURALEZA

Una forma muy sencilla
para las brujas de conectar
con la magia es aprender
a sacar provecho de los poderes
de la NATURALEZA. ¡Da igual de qué
tradición sean o dónde vivan!

No todas tienen un jardín
en casa o un parque público
que puedan visitar con facilidad,
pero ¡cualquier bruja tiene
la capacidad de llevar una pizca
de naturaleza a su vida!
Además, aunque es cierto que
no todas las brujas trabajan
con lo natural, sí que tienen el deber
de cuidar de la Madre Naturaleza.
Y cada una lo hace de forma distinta.

**NO IMPORTA SI UNA BRUJA
HACE MUCHA O POCA MAGIA:
CADA PEQUEÑO GESTO CUENTA.**

¡COMENCEMOS!

*UN HUERTO PROPIO EN LA VENTANA

Las semillas que han sobrado de la comida,
o incluso alguna legumbre seca, pueden cultivarse
en el alféizar de una ventana para que una bruja
tenga una pizca de vida vegetal a su alcance. A veces,
el simple hecho de cuidar de un frondoso macetero
le ayudará a conectar con las energías de la naturaleza.

*LA BASURA DEL VECINDARIO

Da igual que estemos en una ciudad bulliciosa
o en un pueblo en el campo, parece que la basura
nos persigue a todas partes. Si una bruja sale a pasear
con algún familiar, ¡siempre lleva una bolsa de basura
consigo para recoger cualquier porquería que vea
por el camino! Aunque en este caso no haga magia,
sí que está haciendo algo maravilloso por la naturaleza.

*LA VEGETACIÓN LOCAL

Las plantas autóctonas rebosan de energía
y a las brujas les resulta fascinante aprender
cuáles son sus propiedades mágicas y usos prácticos.
¡Incluso han descubierto que esas mismas especies
se empleaban para algún propósito especial hace
miles de años! A veces, las brujas no tienen acceso
a todas las plantas de la zona, pero siempre se divierten
intentando localizarlas cuando salen a dar una vuelta.

✳ENRAIZAMIENTO

Aunque una bruja no tenga un jardín en su casa,
con solo poner los pies descalzos sobre el terreno crea
una conexión directa entre ella y la Tierra. Por eso,
cualquier visita al parque se puede aprovechar para pasar
unos momentos en calma con la naturaleza. Las brujas
incluso se sientan en el césped, cierran los ojos y se centran
en la respiración mientras se funden con lo que las rodea.

A VECES, UN SIMPLE INSTANTE DE CALMA FUNCIONA
DE MARAVILLA PARA CONECTAR CON LA TIERRA.

✳LOS PRODUCTOS DE TEMPORADA DE LA ZONA

La forma en que comemos hoy día no tiene nada
que ver con cómo se alimentaban nuestros ancestros.
Una de las maneras más fáciles que tienen las brujas
de conectar con la naturaleza consiste en tomar
frutas, verduras y otros productos de temporada.
¿Acaso no es maravilloso encontrar frambuesas frescas
en el mercado del barrio? ¡Pues claro! ¡Y además es
una manera estupenda de probar sabores nuevos!

GRACIAS A LOS ALIMENTOS DE TEMPORADA,
LAS BRUJAS CONECTAN CON LOS CICLOS NATURALES
DEL PLANETA. ¡PERO TAMPOCO HACE FALTA
CONSUMIRLOS EN TODAS LAS COMIDAS!

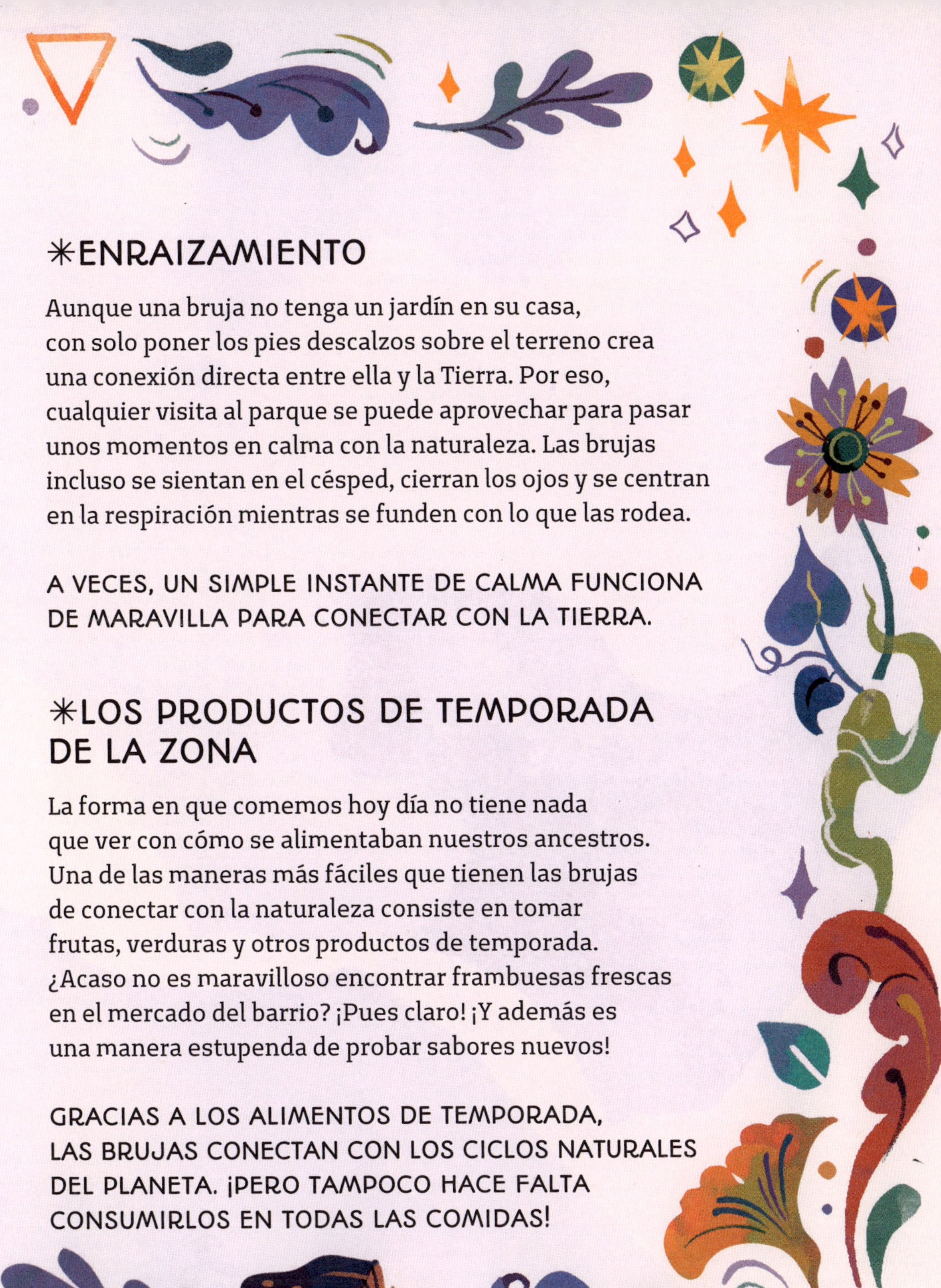

¡TODAS
LAS BRUJAS
MOLAN!

Cada bruja define su arte
con sus propias palabras.

Dentro de este mundo
de fantasía existen diversas
tradiciones que definen
las diferentes características
de cada bruja.

A continuación se explican
brevemente varios estilos distintos,
pero es importante señalar
que no es necesario ponerle
una etiqueta a la magia.

Aunque las brujas tradicionales
se diferencien de las brujas del mar,
las brujas del folclore o las brujas
de los elementos...

¡Todas ellas son
y siempre serán BRUJAS!

DIFERENTES TIPOS DE BRUJAS

✳ BRUJA TRADICIONAL

Las brujas tradicionales se reúnen en clanes. Hay muchos grupos de brujas que conjuran magia en equipo. De esta forma, además de la pasión por la magia, también comparten una gran amistad y aprenden las unas de las otras.

LOS CLANES DE BRUJAS SIEMPRE APROVECHAN LA FUERZA DEL GRUPO Y, MUY A MENUDO, CONSIGUEN RESULTADOS DE LO MÁS CREATIVOS.

✳ BRUJA VERDE

Las brujas verdes siempre confían en sus fieles compañeras, las plantas, para que las ayuden con su magia.

CULTIVAN HUERTOS, TRABAJAN MUCHO CON LAS PLANTAS DE LA ZONA Y SUELEN TENER UN PROFUNDO INTERÉS EN EL USO MEDICINAL DE ALGUNAS HIERBAS.

✳ BRUJA DE LA CERCA

Estas brujas trabajan en el espacio que se encuentra entre nuestro mundo y el mundo espiritual. En el pasado, las cercas señalaban las fronteras físicas de un pueblo o aldea, y por eso separan de forma simbólica la realidad del mundo mágico.

LAS BRUJAS DE LA CERCA SUELEN TRABAJAR EN SOLITARIO, Y APRENDEN CON LA PRÁCTICA O EN CLASES INDIVIDUALES CON ALGUIEN DE MÁS EXPERIENCIA.

¡Confían tanto en la naturaleza como en su propia intuición!

✳ BRUJA ECLÉCTICA

Las brujas eclécticas seleccionan aquellas cosas que mejor les funcionan de entre todas las tradiciones mágicas.

ALGUNAS DE ELLAS TRABAJAN SOLO CON LA NATURALEZA, EN LUGAR DE CON SERES MÁGICOS, DIVINIDADES O ESPÍRITUS.

Otras le piden al universo que las guíe en su práctica, y no sienten la necesidad de amoldarse a una tradición en concreto.

✳ BRUJA DE LA COCINA

Estas brujas disfrutan haciendo
de su hogar... un lugar mágico.

LES GUSTA INCORPORAR LA MAGIA
A SU COCINA Y CANALIZAR SU ENERGÍA
EN LAS RECETAS QUE CREAN.

Suelen cultivar su propio huerto
de hierbas para los hechizos de comida:
¡una manera fantástica de poner intención
en lo que cocinan, de principio a fin!

✳ BRUJA DEL FOLCLORE

Estas brujas se centran
en las COSTUMBRES
TRADICIONALES,
LAS LEYENDAS, LOS MITOS
Y LA SABIDURÍA POPULAR
de una región o cultura
concreta... ¡de cualquier
parte del mundo.

✳ BRUJA DEL MAR

Las brujas del mar confían sobre todo
en el océano y sus recursos naturales,
así como en la energía de la Luna,
que también influye en las mareas.

EL MAR CRECE Y MENGUA
CADA DÍA, DE FORMA MUY SIMILAR
A LAS FASES DE LA LUNA.

Estas brujas canalizan la energía
del mar para realizar sus conjuros.

✳ BRUJA
DE LOS ELEMENTOS

Las brujas de los elementos toman
como base de su magia la energía
de los CUATRO ELEMENTOS:
FUEGO, AGUA, TIERRA Y AIRE.

En sus encantamientos invocan
varios de estos elementos o uno
en concreto, según la magia que
necesiten. Es por ello que siempre
buscan aquellos elementos que
mejor representen sus objetivos.

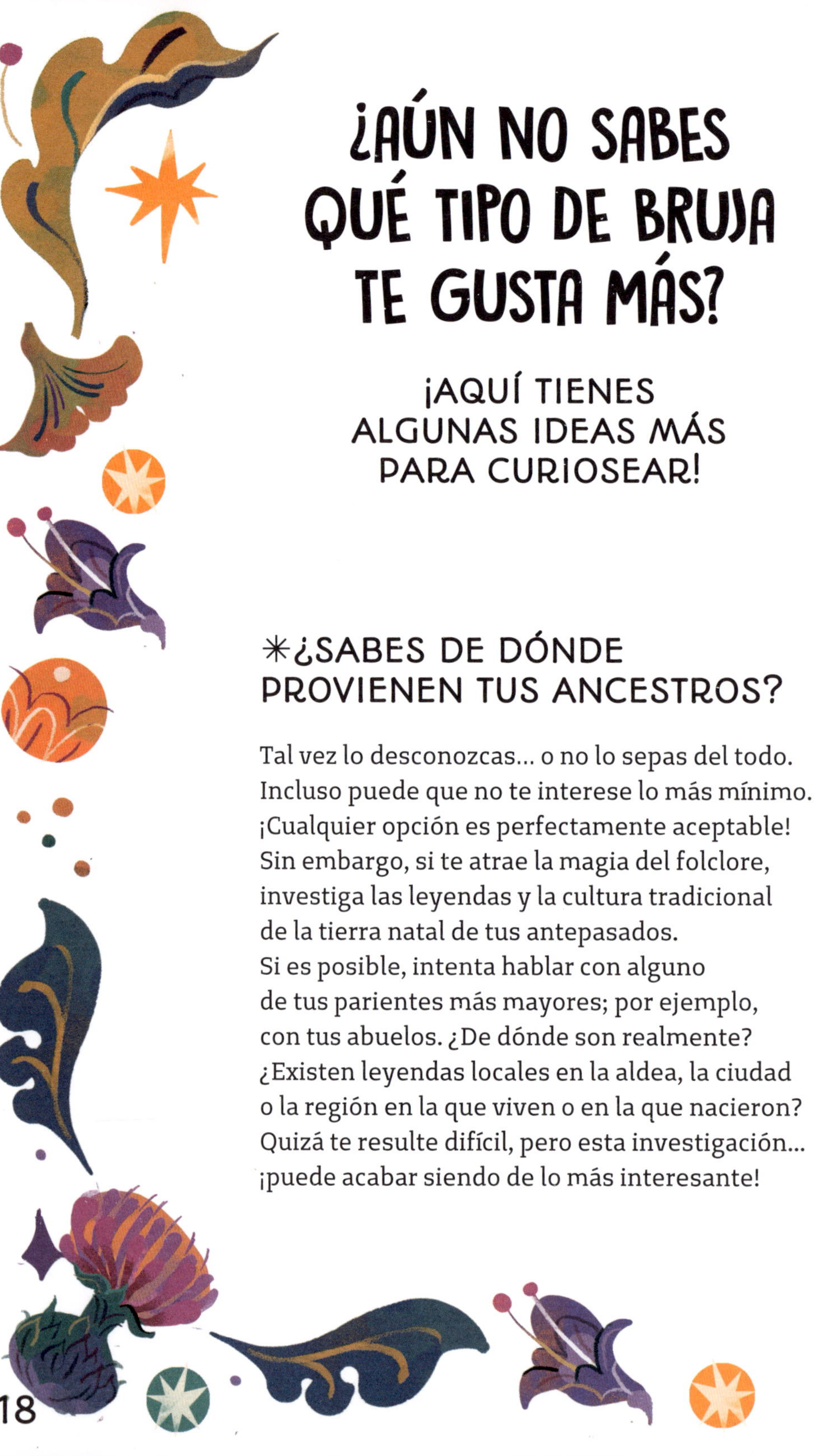

¿AÚN NO SABES QUÉ TIPO DE BRUJA TE GUSTA MÁS?

¡AQUÍ TIENES ALGUNAS IDEAS MÁS PARA CURIOSEAR!

✳¿SABES DE DÓNDE PROVIENEN TUS ANCESTROS?

Tal vez lo desconozcas… o no lo sepas del todo.
Incluso puede que no te interese lo más mínimo.
¡Cualquier opción es perfectamente aceptable!
Sin embargo, si te atrae la magia del folclore,
investiga las leyendas y la cultura tradicional
de la tierra natal de tus antepasados.
Si es posible, intenta hablar con alguno
de tus parientes más mayores; por ejemplo,
con tus abuelos. ¿De dónde son realmente?
¿Existen leyendas locales en la aldea, la ciudad
o la región en la que viven o en la que nacieron?
Quizá te resulte difícil, pero esta investigación…
¡puede acabar siendo de lo más interesante!

*¿ACASO HAY ESPÍRITUS EN TODAS LAS COSAS?

Algunas brujas creen que existe una energía
o espíritu en cada elemento de la naturaleza,
lo que se conoce como «animismo».
Por eso es muy habitual que las brujas
exploren todo lo que se oculta ahí fuera
para trabajar con la energía que las rodea.

LO CREAS O NO, ¡HASTA EN LA CIUDAD
MÁS ABARROTADA PODRÍAS ENCONTRAR
UNA LEYENDA SOBRE EL ESPÍRITU DEL LUGAR!

*¿ACASO HAY MAGIA EN LOS CONFINES DEL UNIVERSO?

Cuando hablan del Universo, la mayoría
de las brujas se refirieren a todo aquello que
no se puede ver y a todo aquello que solo
se puede comprender en un contexto mágico.
Hay distintas opiniones sobre el universo,
según las diferentes culturas o la propia ciencia.
Sin embargo, como se trata de un concepto
que tiene múltiples interpretaciones en el mundo
de la fantasía, no cabe duda de que el universo
tiene un papel clave en la vida de las brujas.

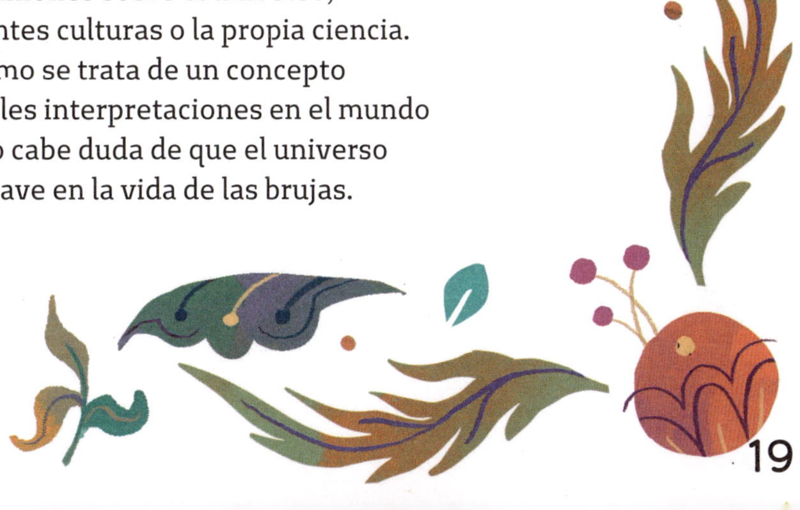

¡ABRACADABRA
PATA
DE CABRA!

ALTAR
MÁGICO

El **ALTAR** de una bruja es,
sin duda, un lugar mágico.
Se dice que es aquí donde reside su alma.

Se trata de un espacio separado
del mundo exterior por una **BARRERA
MÁGICA**. Aquí es donde las brujas
lanzan sus hechizos, guardan su diario,
leen las cartas y muchas cosas más.

El altar puede estar
en una estantería, en el alféizar
de una ventana o incluso
dentro de una simple caja de zapatos.
¡No tiene que ser nada sofisticado!

Tal y como se ve en la ficción,
una bruja puede montar
su altar en cualquier sitio,
ya que suele ser algo pequeño,
práctico y fácil de recoger.

Los elementos del altar siempre tienen
que representar las energías con las que
trabaja una bruja. En algunas ocasiones,
las brujas también levantan altares
temporales para una intención concreta.

*TIERRA

La tierra está
por todas partes
y parece pasiva,
como si no hiciera nada,
o al menos no con la misma
intensidad que el resto de elementos.
Y, aun así, todo ser vivo ha nacido de
ella. Nos sustenta mientras estamos
vivos y nos acoge cuando morimos.
La tierra comprende una gran cantidad
de conceptos mágicos: la nutrición,
la protección, la totalidad, la quietud,
la vida, la prosperidad y el descanso.

*AGUA

El agua es
la gran compañera
de la tierra a la hora
de crear la vida tal
y como la conocemos.
El agua parece de lo más apacible,
pero en realidad alberga un poder
inmenso. Es depurativa, calmante
y sanadora. Además, domina
la magia del amor y las emociones,
de la intuición y la introspección.
Por si fuera poco, también tiene
una conexión directa con la Luna.

Pentáculos, la base del altar,
cerámica, metal fundido,
monedas, piedras, cristales,
calderos, cuernos o huesos,
bellotas, semillas, imágenes
de árboles y montañas, gnomos,
representaciones de animales
(tortuga, conejo, ciervo, etc.),
platos con tierra, arena o sal...

Cálices, copas, bebidas
(sobre todo el agua),
cuencos de adivinación,
bolas de cristal, agua de lluvia,
conchas, madera de deriva
o algas, espejos, sirenas,
representaciones de animales
(pez, delfín, rana, etc.),
imágenes de mar, río o lago...

Aunque una bruja tenga que guardar su altar entre usos, este seguirá a su disposición siempre que lo necesite. Según la tradición, las brujas a menudo colocan símbolos de los cuatro elementos en su espacio mágico.

*FUEGO

El fuego es el puro poder del calor y la luz. Su energía es intensa, primaria y, a menudo, peligrosa. En este elemento se encuentran el calor de la pasión y el espíritu de lucha del guerrero. Su energía contiene la fuerza de voluntad, el coraje, la protección, el deseo de destrucción y la posterior renovación. Se asocia con el Sol y su poder generador de vida.

Llamas (velas, lámparas de lava), cerillas, incienso (tanto para aire como para fuego), cactus o espinas, dragones, imágenes del Sol, piedras volcánicas, representaciones de animales (león, lagarto, fénix, etc.), plantas de color naranja o amarillo intenso...

*AIRE

Cuando el aire sopla sobre la tierra, el mundo entra en acción y toma conciencia. Es el elemento de la comunicación, el intercambio y las ideas. El aire es invisible: solo conocemos su existencia por los efectos que produce en el mundo. Además, se mueve veloz, es cambiante y consciente de sí mismo. De todos los elementos, es el más humano.

Bastos o varas, plumas, campanas, carillones de viento, incienso, abanicos, libros, cucharas, ruedas, cintas o banderines de colores vivos, imágenes de cielos o nubes, representaciones de animales (pájaro, libélula, mariposa, etc.), ángeles, hadas, ambientadores o difusores de aire...

LA BOTICA
DE LA BRUJA
EN LA COCINA

¿Qué **INGREDIENTES** necesita
una bruja para sus hechizos?

La respuesta es muy sencilla:
todo lo que tiene a su alrededor sirve,
desde las plantas del jardín
hasta las especias y hierbas
que se encuentran en una simple
DESPENSA DE COCINA.

Además, con poca cantidad
cunde mucho, así que un pellizco
de esto y una pizca de aquello...
¡son suficientes para obtener
un gran resultado!

Aunque no se trata de un listado
completo, a continuación se presentan
algunos de los ingredientes básicos
que usan las brujas.

INGREDIENTES BÁSICOS PARA HACER MAGIA

✳ SAL

Se trata del ingrediente de protección más sencillo que se puede encontrar en cualquier despensa. Algunas brujas esparcen unos pocos granos en las esquinas de su cuarto para alejar las energías negativas. Otras mezclan agua de luna con una pizca de sal y pulverizan su altar para crear un escudo contra las vibraciones indeseables.

✳ PIMIENTA

La pimienta es otra hierba magnífica para la protección. Las brujas la usan en los hechizos para proteger su habitación de las malas energías. ¡Algunas incluso llevan un puñadito en el bolsillo a modo de escudo protector!

✳ ROMERO

El romero es una hierba estupenda para cualquier propósito de protección o purificación. A veces, las brujas lo utilizan para sustituir otra hierba que les falta en la receta de algún hechizo.

✳ALBAHACA

Tradicionalmente la albahaca se emplea en la magia del dinero, pero también puede utilizarse para cualquier clase de abundancia. Las brujas mezclan un poco de albahaca con otras hierbas de la suerte, y así consiguen la base de un poderoso hechizo para recaudar dinero o ganar un premio. La albahaca también se usa para levantar los ánimos. Si dos brujas se han peleado y una desea romper el hielo, la albahaca puede ayudar a sanar su amistad.

✳LAUREL

Las brujas queman hojas de laurel para lograr que se cumplan sus deseos, y algunas guardan las cenizas para futuros hechizos en los que necesiten invocar esa misma energía. Pero OJO: que a nadie se le ocurra hacer algo así sin la supervisión de un adulto. ¡Puede ser muy peligroso! Para una aprendiz de bruja, basta con escribir el deseo en una hoja de laurel y guardarla en un frasco de hechizo.

✳TOMILLO

El tomillo se utiliza en la magia de sanación. Si una bruja no se encuentra bien o algún miembro de su familia se ha resfriado, siempre recurre al tomillo como ingrediente principal en un hechizo de curación rápida.

✳ MONDA DE NARANJA

La monda de naranja es estupenda
para la magia de la claridad y la protección.
Antes de practicar el arte de la adivinación,
las brujas siempre toman un poco de té
con monda de naranja. Algunas incluso
deshidratan la piel de este cítrico y luego
la cuelgan cerca de una ventana para
alejar la negatividad. Muchas brujas
suelen añadir este ingrediente a las velas
o a los frascos de hechizo que tienen
en su altar mágico para los trabajos
de adivinación que hagan en el futuro.

✳ CANELA

Esta especia va genial para la magia
del dinero y de la protección.
Algunas brujas guardan una rama
de canela en la hucha para conseguir
algo de dinero inesperado o cuelgan
una ramita sobre la puerta de su
cuarto para que el olor de la canela
aleje las malas vibraciones.

✳ ENELDO

Si una bruja no duerme bien o le dan
miedo los monstruos, ¡el eneldo
funciona de maravilla para alejar
las pesadillas! Es como si esta hierba
estuviera hecha para mantener
los malos sueños a raya y proteger
a las brujas de los espíritus indeseables.

✳HINOJO

Ante la perspectiva de un largo viaje
hacia una tierra lejana, el hinojo resulta
maravilloso para calmar los nervios
y asegurar un feliz retorno. Por eso,
las brujas lo utilizan en los hechizos
que tienen que ver con la seguridad
y el disfrute de los viajes, tanto para
ellas como para sus seres queridos.

✳LAVANDA

La lavanda se emplea en la magia
de la amistad y para crear un ambiente
relajado. Las brujas ponen un saquito
de lavanda bajo su almohada no solo
para dormir bien, sino también para tener
dulces sueños y descansar en condiciones.
Ante un problema de comunicación
con algún amigo, una bruja suele llevar
un poco de lavanda en el bolsillo para que
la conversación fluya y sea más positiva.

✳PIMIENTA DE JAMAICA

Un pellizco de pimienta de Jamaica
va genial cuando alguien necesita
una chispa de suerte. Si una bruja
trata de conjurar un poco de buena
fortuna, ¡este es el ingrediente
perfecto para su hechizo!

LA BOTICA
DE LA BRUJA
EN EL JARDÍN

¡El JARDÍN es un lugar
lleno de plantas poderosas!

Las hierbas comunes que
se encuentran en los patios
de cualquier parte del mundo
tienen un montón
de propiedades mágicas.

Y una mala hierba solo es una planta
que crece donde no la quieren.

LAS BRUJAS TRANSFORMAN
LAS MALAS HIERBAS
EN PLANTAS MÁGICAS,
DÁNDOLES UN NUEVO PROPÓSITO.

HIERBAS PODEROSAS

*TRÉBOL

Hay muchas especies de trébol: el blanco, el rojo, el de cuatro hojas..., y cada uno posee propiedades ligeramente distintas. En general, las brujas utilizan esta hierba para los hechizos de buena suerte, protección, dinero, amor y éxito.

*DIGITARIA

Las profundas raíces de la digitaria hacen que sea casi imposible librarse de esta «mala hierba». Es por ello que las brujas la usan en hechizos que requieren estabilidad, determinación, persistencia y poder.

*DIENTE DE LEÓN

Seguro que has soplado alguna vez
un diente de león para pedir un deseo.
A fin de cuentas, los poderes mágicos
de esta planta tienen una larga tradición.
Para facilitar la videncia, las brujas
toman el diente de león en infusión
antes de una sesión de adivinación,
como leer las cartas o predecir
el futuro por medio de visiones.

*LLANTÉN

Las propiedades curativas
de las grandes hojas de llantén
tienen una larga tradición
y se usan de diferentes formas
en la medicina tradicional.
Las brujas utilizan esta planta
para los hechizos de curación,
fuerza, protección y también
para recuperar amistades.

✳ARTEMISA

Las propiedades
mágicas de la artemisa
son bastante escasas.
Aunque esta planta tiene
varios usos medicinales,
las brujas la utilizan
para hechizos rápidos
de recuperación
y también para el coraje.

✳VARA DE ORO

Aunque muchas personas
son alérgicas a la vara de oro,
sus propiedades mágicas
se asocian con la suerte,
el dinero y la prosperidad.
Algunas brujas la usan
para desear algún que otro
estornudo de mala fortuna...

*HIEDRA TERRESTRE

Esta planta, bella pero invasiva, está íntimamente relacionada con la Luna. Sus propiedades mágicas no son inmensas, pero sí potentes. Las brujas emplean la hiedra terrestre para la adivinación, la intuición y los hechizos de protección ante una situación complicada.

*VERBASCO

Esta planta invasiva se puede encontrar en todo el mundo. También se conoce como «gordolobo» y, en el pasado, sus largos tallos se sumergían en grasa y luego se prendían, como si fueran velas.
Las brujas usan el verbasco para la magia de protección, salud y purificación.

EL SIMBOLISMO DE LOS COLORES

El **COLOR** tiene
un papel importante
en los hechizos de las brujas,
sobre todo en la magia
de las velas y la magia
con cintas y con nudos.

Hasta los colores que viste
una bruja un día determinado
pueden favorecer un resultado.

El naranja, por ejemplo,
es un color atrevido que
está en sintonía con el éxito
y puede funcionar
como un pequeño amuleto
en cualquier situación.

✳BLANCO

Pureza, verdad, sinceridad, protección, limpieza,
rituales de la luna llena, meditación, paz, honestidad,
justicia, magia para ahuyentar las dudas y los miedos.

✳VIOLETA

Tensión, ambición, poder, progreso, fuerza,
desarrollo espiritual, intuición, sanación,
comunicación espiritual, protección.

✳PLATEADO

Magia lunar, meditación,
videncia, éxito, equilibrio, magia
para ahuyentar la negatividad.

✳AZUL

Tranquilidad, comprensión, paciencia,
salud, impulsividad, cambio, intuición,
oportunidad, protección en los viajes,
conocimiento, elemento de agua.

✳NEGRO

Noche, magia para ahuyentar la negatividad,
protección, meditación, contacto con los espíritus,
poder para aclarar la mente, verdad, magia contra
los maleficios, los desacuerdos y la confusión.

✳VERDE

Economía, suerte, amistad, elemento de tierra, sanación, equilibrio,
trabajo y empleo, coraje, agricultura, cambios de rumbo o de actitud.

*ROJO

Fuerza, salud, elemento de fuego, poder, energía, entusiasmo, coraje.

*ROSA

Honor, amor, ética, amistad, amor sentimental.

*NARANJA

Valentía, atracción, éxito, fuerza, sanación, suerte, adaptación, vitalidad, ánimo, claridad mental.

*MARRÓN

Dudas, incertidumbre, neutralidad, resistencia, salud animal, estabilidad, casas y hogares, objetos físicos, vacilación.

*AMARILLO

Atracción, encanto, persuasión, confianza, elemento de aire, adivinación, videncia, agudeza mental, crecimiento intelectual, prosperidad, aprendizaje, cambios, armonía, creatividad, concentración.

*DORADO

Energía solar, poder, fuerza física, éxito, logros, intuición, crecimiento mental, habilidades deseadas, energía sanadora, adivinación, fortuna, magia para ahuyentar la negatividad.

*GRIS

Borrado, neutralidad, estancamiento.

ROCAS Y CRISTALES

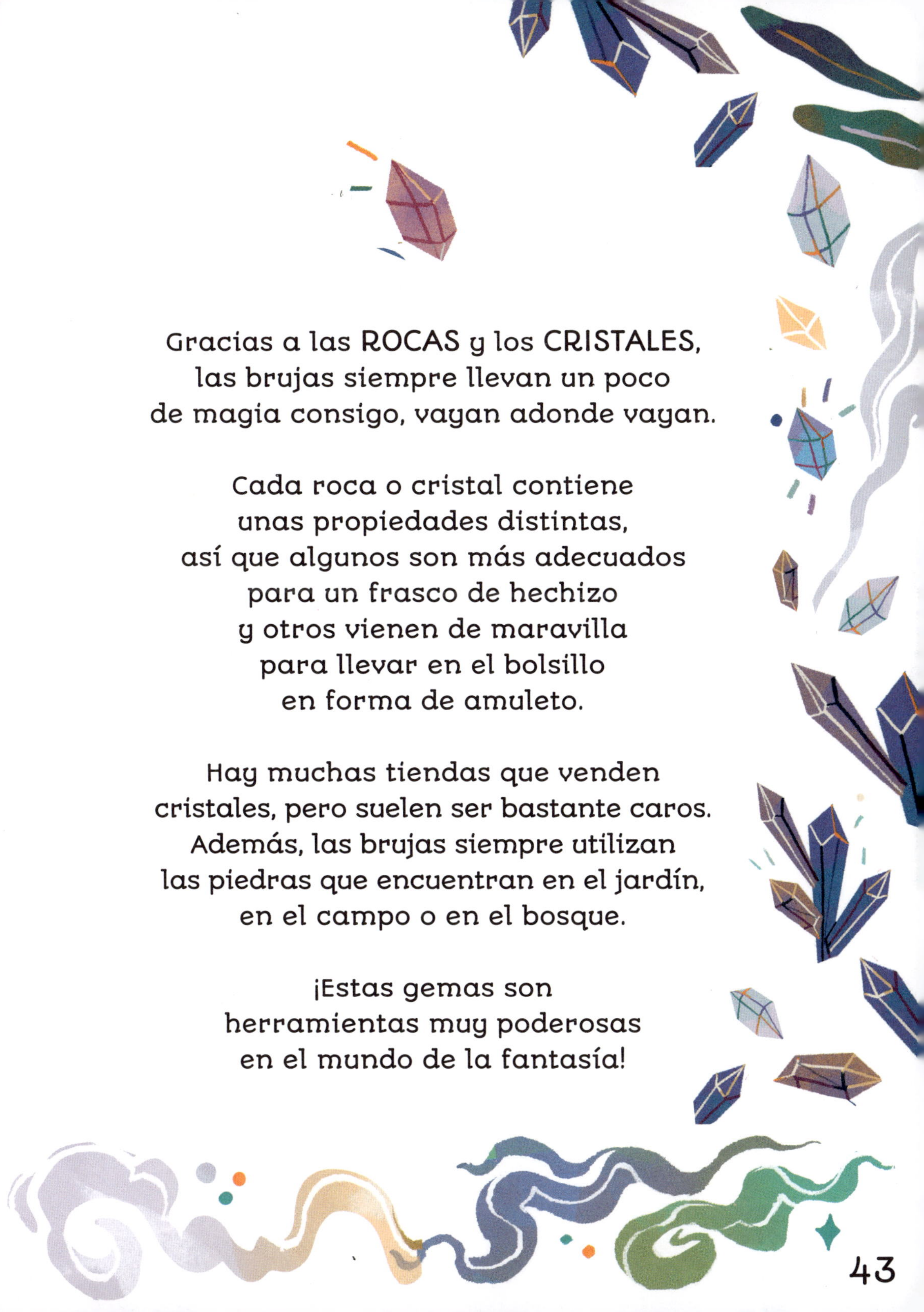

Gracias a las ROCAS y los CRISTALES,
las brujas siempre llevan un poco
de magia consigo, vayan adonde vayan.

Cada roca o cristal contiene
unas propiedades distintas,
así que algunos son más adecuados
para un frasco de hechizo
y otros vienen de maravilla
para llevar en el bolsillo
en forma de amuleto.

Hay muchas tiendas que venden
cristales, pero suelen ser bastante caros.
Además, las brujas siempre utilizan
las piedras que encuentran en el jardín,
en el campo o en el bosque.

¡Estas gemas son
herramientas muy poderosas
en el mundo de la fantasía!

CÓMO USAR LAS ROCAS Y LOS CRISTALES

✳CUARZO

Existe una gran variedad de cuarzo en el mundo, desde el cuarzo transparente hasta la amatista, pasando por especímenes bastante raros. En la mayoría de lugares del planeta se puede encontrar al menos un tipo de cuarzo en el patio, ¡o hasta en un parterre! Una bruja puede emplear el cuarzo que haya cerca de su casa para intensificar sus hechizos y conseguir que su magia sea aún más poderosa.

✳CANTO RODADO

Siempre hay un montón de piedras pulidas cerca de los ríos y de los lagos. Las brujas utilizan los cantos rodados para el enraizamiento y también para canalizar su energía, atraer la paz y redirigir sus emociones si hace falta.

✳VIDRIO MARINO

Este cristal se encuentra en muchas playas y es vidrio fabricado por los seres humanos que el mar ha pulido, creando una especie de piedra muy suave. El vidrio marino simboliza la renovación y la sanación, y las brujas lo usan cuando comienzan un nuevo proyecto y necesitan una pizca de confianza para llevarlo a cabo.

✳ GRANITO

Hay distintos tipos de granito por todo el mundo. En algunos sitios se usa grava de granito como un elemento para adornar el paisaje, así que resulta mucho más habitual de lo que parece. Las brujas lo utilizan en aquellas situaciones mágicas en las que necesitan un mayor equilibrio en una relación o algo más de cooperación dentro de un equipo. A la hora de trabajar en un proyecto con un clan de brujas, muchas llevan consigo un poco de granito en el bolsillo para lograr una comunicación fluida y un reparto equitativo de la carga de trabajo.

✳ OBSIDIANA

La obsidiana es ideal para salvaguardar nuestra energía. Las brujas buscan estas brillantes piedras de color negro cerca de los volcanes y las usan para proteger su magia de las influencias externas y para mantenerse a salvo en cualquier situación de ansiedad.

✳ PIEDRA PÓMEZ

Ligera pero áspera al tacto, la piedra pómez es muy buena para absorber la energía negativa. Gracias a su capacidad de absorber el agua y exfoliar la piel endurecida, también sirve de maravilla para la magia de la purificación. Las brujas suelen guardar una piedra pómez en su altar o en la mochila, como una especie de esponja para absorber todo tipo de tensión, nervios o malas vibraciones.

LAS FASES
DE LA LUNA

La **LUNA** es un cuerpo celeste
con una larga tradición mágica.

Siempre la envuelve un halo
de misterio y está directamente
conectada con nuestra intuición.

LAS BRUJAS TRABAJAN
CON LAS SEIS FASES DE LA LUNA:
NUEVA, CRECIENTE, LLENA,
MENGUANTE, LLOROSA Y NEGRA.

La luna llorosa y la luna negra
se usan en magias muy potentes
y casi siempre negativas,
así que no se desarrollan aquí.

El ciclo del mes lunar dura
unos 29 días. Los calendarios
de las civilizaciones antiguas
que se basaban en la Luna eran
un poco inexactos: lo bastante
como para no funcionar a largo plazo.

LAS CUATRO FASES DE LA LUNA

*LUNA NUEVA

Esta fase empieza con el primer
rayo que aparece después de que
la Luna se oscurezca por completo,
algo que también se conoce
como «luna negra». Las brujas
aprovechan este momento
para iniciar proyectos y hacer
hechizos para nuevos comienzos.
Solo dura una noche, así que…
¡no hay que dejarla escapar!

DURANTE LA LUNA NUEVA,
LAS BRUJAS PRACTICAN
LA MAGIA QUE SE CENTRA
EN GRANDES PROYECTOS,
NUEVOS OBJETIVOS
Y EL CRECIMIENTO
A LARGO PLAZO.

*LUNA CRECIENTE

La luna creciente comienza
el día posterior a la luna nueva
y dura hasta el día anterior
a la luna llena. En esta fase,
da la impresión de que el astro
se hace cada vez más grande
y brillante noche tras noche.

A MEDIDA QUE LA LUNA
CRECE, TAMBIÉN ATRAE.
POR ESO LA MAGIA
DE LA ATRACCIÓN ES
MÁS POTENTE DURANTE
ESTA FASE LUNAR.

✳LUNA LLENA

La mayoría de las brujas se sienten muy cómodas trabajando durante la luna llena. En esta parte del ciclo lunar, la energía del astro está en su cenit: por eso las brujas suelen aprovechar su magia en esta fase tan potente. Sin embargo, la luna llena tan solo dura... ¡tres días!

SI LA LUNA ESTÁ AL 100% DE TAMAÑO, EL DÍA ANTERIOR Y EL POSTERIOR TAMBIÉN FORMAN PARTE DE ESTA FASE LUNAR.

✳LUNA MENGUANTE

En esta fase lunar, la visibilidad del astro siempre disminuye. La luna menguante comienza el tercer día tras la luna llena y dura hasta la noche anterior a la fase de la luna nueva.

A CAUSA DE LA NATURALEZA DE LA LUNA MENGUANTE, QUE SE VA VIENDO CADA VEZ MENOS, LAS BRUJAS USAN ESTA FASE LUNAR PARA HACER RETROCEDER O INTENTAR DISMINUIR TODAS LAS ENERGÍAS NEGATIVAS.

DÍAS
MÁGICOS

Todos los **DÍAS**
de la semana
son días mágicos.

Al igual que ocurre
con las fases de la Luna,
las brujas utilizan el día
en que lanzan un hechizo
para amplificar su poder.

Eso sí: cada día
encierra una magia diferente,
así que hay que aprender
para qué sirve cada uno.

LAS BRUJAS COMBINAN
LA MAGIA DE LA FASE LUNAR
CON EL DÍA DE LA SEMANA
PARA AUMENTAR EL PODER
DE SUS HECHIZOS.

LOS DÍAS DE LA SEMANA

LUNES

Este día de la semana está dedicado a la Luna y a toda la magia y el misterio que la envuelven. Los lunes son afines a los enigmas, las ilusiones, las profecías y las emociones, además de los viajes.

MARTES

El martes es el día dedicado al valor, la rebelión y la fuerza. Una bruja alinea su magia con este día si quiere enfrentarse a un reto de cualquier tipo, darle un empujón a su coraje o acentuar algo que la apasiona.

MIÉRCOLES

Los miércoles son afines al cambio, la comunicación, la astucia y las artes. Se trata de un día repleto de emociones y contradicciones. Las brujas lanzan su hechizo este día siempre que buscan un cambio radical a su favor.

JUEVES

Este día de la semana resulta ideal para la prosperidad, la abundancia, la suerte y la buena salud. Además, el jueves recibe su nombre en honor del dios romano Júpiter. ¡Por eso siempre está cargado de fuerza!

VIERNES

El viernes está dedicado a varias diosas del amor y la fertilidad en todo el mundo. Este día de la semana favorece hechizos mágicos relacionados con el amor, el nacimiento de ideas y proyectos artísticos y también el amor romántico.

SÁBADO

Este día se asocia a la protección y la expulsión de energías negativas. Por lo general, las brujas aprovechan los sábados para deshacer cualquier enredo mágico del que se hayan desentendido. Y si notan malas vibraciones a su alrededor, lanzan un hechizo de protección el sábado.

DOMINGO

El domingo influye en los hechizos para el éxito, la riqueza y la fama. También tiene relación con los logros personales y los objetivos que se pone una bruja. Los hechizos que se lanzan un domingo contribuyen a nutrir de forma mágica cualquier proyecto que una bruja intente llevar a cabo.

ENRAIZAMIENTO

El ENRAIZAMIENTO
es un ejercicio que hacen
las brujas para purificar
su magia o para conectar
con la Tierra y liberar
el exceso de energía.

En épocas de estrés
o ansiedad, el enraizamiento
ayuda a las brujas
a deshacerse de la energía
que no desean o volver a arraigar
la energía que necesitan
después de un hechizo.

LA TIERRA ES EL ELEMENTO
QUE USAN LAS BRUJAS
PARA EL ENRAIZAMIENTO.

TÉCNICAS DE ENRAIZAMIENTO

✳ VISUALIZACIÓN DE LAS RAÍCES

En esta técnica de enraizamiento, sin duda la más sencilla y la más habitual, lo único que necesita una bruja es SU MENTE Y UN MOMENTO DE CALMA. Para poder enraizarse y liberar la energía no deseada, las brujas se sientan en una postura cómoda, con los isquiones (huesos de la pelvis) en contacto con el suelo, y apoyan las palmas de las manos en la tierra. Algunas brujas prefieren tumbarse tratando de apoyar la columna vertebral en el suelo e ignorando su curvatura natural. Luego, respiran hondo tres veces y visualizan la energía que fluye desde la parte superior de su cabeza atravesando todos los rincones de su cuerpo (en especial las manos y la columna vertebral) hasta hundirse en la tierra. También pueden realizar el camino inverso tomando energía de la tierra y visualizando cómo asciende por su cuerpo. La magia surge cuando la energía se transforma en raíces que se expanden por el interior de la tierra arraigando a la bruja con firmeza.

Algunas brujas prefieren hacer este ejercicio de pie. En esta versión del enraizamiento, las palmas de las manos se dirigen hacia el suelo, con los dedos rectos y extendidos. Esta posición se parece a la postura de la montaña en yoga. Aquí las brujas visualizan las raíces que salen desde los dedos de sus manos y la planta de sus pies hasta arraigar en el suelo. A la inversa, las raíces se transforman en ramas, que crecen desde las manos y los pies de las brujas.

✳ VINAGRE DE MANZANA

OJO: ¡QUE A NADIE SE LE OCURRA HACER ESTE RITUAL SIN LA SUPERVISIÓN DE UN ADULTO!

Para llevar a cabo esta técnica, las brujas echan un poco de vinagre de manzana en un cubo de agua caliente y lo dejan reposar hasta que esté a temperatura ambiente. Después, dentro de la bañera o la ducha, las brujas se mojan el cabello con la mezcla y meditan durante unos minutos antes de aclararlo con agua del grifo. Es importante que la mezcla tenga la temperatura adecuada: ni demasiado caliente, para evitar quemaduras, ni demasiado fría, para evitar un resfriado. La acidez del vinagre ayuda a las brujas a deshacerse del exceso de energía, y también a quitar las impurezas de su piel (¡aunque no de forma literal!).

✳ BAÑO SANADOR

Para este ritual, las brujas se preparan un baño
caliente con sales de Epsom (sulfato de magnesio).
Algunas prefieren echar tres cucharadas de sal y una
de bicarbonato sódico, ¡que tienen el mismo efecto!
Otras usan agua de Florida para sustituir el bicarbonato,
o incluso añaden otros ingredientes con propiedades
de limpieza y protección, como la corteza de limón,
el romero, la lavanda, la salvia o la agripalma
(siempre dentro de una bolsa de rejilla para facilitar
el posterior vaciado de la bañera). Una vez dentro
del agua, las brujas se toman su tiempo para sentir
cómo la energía que les sobra va abandonando poco
a poco su cuerpo. Muchas brujas visualizan una luz
de color blanco que las ayuda no solo a relajar
sus músculos, sino también a purificar su magia.

✳RAMA DE CEDRO

Otra técnica que usan las brujas para enraizarse
es una ducha con cedro. Primero dejan en remojo
una rama de cedro con forma de Y (para eliminar
cualquier insecto que pueda tener) y, al día siguiente,
la cuelgan sobre el cabezal de la ducha. Las hay
que lo hacen también con eucalipto. A la hora
de la ducha, las brujas dejan que el agua pase primero
por la rama de cedro antes de caer sobre su cuerpo.
Además, de esta forma, ¡todo el baño huele como
si acabasen de entrar en un bosque un día lluvioso!

HECHIZOS

LA MAGIA
DE LAS PALABRAS

Algunas brujas se dedican
a pronunciar ENCANTAMIENTOS
y otras prefieren centrarse
en el poder de las VELAS.

La belleza de la magia reside
en que no hay dos brujas
que sigan las mismas reglas.

Muchas de ellas,
al menos al principio,
tienen miedo de hacer
sus propios hechizos
por temor a que algo salga mal.

Por fortuna,
las aprendices de bruja
jamás podrán hacer un hechizo
tan poderoso como para que
no pueda deshacerse.

¡DESCUBRAMOS LA MAGIA
DE LAS PALABRAS!

PASO A PASO

✳ PLANIFICACIÓN

En primer lugar, hay que planear cómo llevar
a cabo un hechizo. Las brujas preparan una lista
y anotan todas las equivalencias (o diferencias)
que hay entre los ingredientes, colores,
materiales, etc., y seleccionan posteriormente
los que mejor se ajusten al propósito del hechizo.

SIN DUDA, SE TRATA DE LA PARTE
MÁS IMPORTANTE DE CUALQUIER
CONJURO, RITUAL O ENCANTAMIENTO.

Los elementos se sintonizarán hasta cierto punto,
así que una bruja ha de hacer todo lo que esté
en su mano para alinear el hechizo con su intención.
Los ingredientes variarán según el tipo de magia
que vaya a realizar, pero una bruja debe comprender
las relaciones básicas de los elementos implicados.

✳ INSCRIPCIONES

¿MAGIA CON VELAS? En este caso,
las brujas hacen inscripciones en los objetos
que utilizan para el hechizo, siempre acordes
con sus objetivos o con las energías que vayan
a emplear. Puede ser cualquier cosa: una runa,
un símbolo, una palabra… ¡Lo que sea!

✳DETALLES

Al principio, es importante prestar atención a todos
los detalles. Por eso las brujas armonizan sus hechizos
con las fases de la Luna y los días de la semana,
para asegurarse una mayor posibilidad de éxito.

✳VISUALIZACIÓN

En general, la mentalidad positiva es fundamental
para que un hechizo tenga éxito. Las brujas son
fuertes y poderosas, ¿por qué no iba a funcionar?

TODA BRUJA SABE QUE VISUALIZAR EL HECHIZO,
INCLUSO ANTES DE PONERSE MANOS A LA OBRA,
ES ALGO CLAVE PARA QUE FUNCIONE LA MAGIA.

✳CIERRE

Por último, pero no menos importante, lo que
las brujas hagan con las herramientas de su hechizo
puede ser tan determinante como el hechizo
en sí mismo. Tal vez una bruja necesite llevar
algo consigo o dejarlo en algún lugar.
Si va a enterrarlo, debe asegurarse de que
los ingredientes y contenedores
no perjudiquen el medio ambiente:
¡las brujas jamás contaminan!

PROTECCIÓN PERSONAL

HECHIZO PARA EVITAR EL DAÑO EMOCIONAL

Día: Sábado
Momento: Por la noche
o en luna llena o creciente

Material:
- Sal
- Un dibujo o una foto de la bruja
- Llantén o eneldo
- Un plato
- Un cuenco y una cuchara, o un mortero

La aprendiz mezcla la sal y las hierbas en un pequeño
cuenco con una cuchara, o las machaca con el mortero.
Mientras remueve los ingredientes, la bruja
se imagina que una luz blanca rodea la mezcla.

En un plato, la aprendiz crea un círculo pequeño
con la mezcla, coloca la foto dentro del anillo de sal
y cierra los ojos. Después, pone las manos
sobre el conjunto y, manteniendo los ojos
cerrados, imagina que una luz blanca
rodea la foto. Por último, la bruja
repite tres veces lo siguiente:

Estoy aquí,
estoy rodeada de luz,
estoy llena de magia,
y todo lo protejo.

Las brujas hacen este hechizo siempre que
sienten la necesidad de una protección especial.

ALEJAR
LA ENERGÍA NEGATIVA

HECHIZO DE PROTECCIÓN CONTRA TODO TIPO DE ENERGÍAS NEGATIVAS

Día: Viernes
Momento: Por la noche

Materiales:
- Una obsidiana u otra piedra negra
- Un paño negro
- Romero
- Eneldo
- Un cordel

La aprendiz extiende el paño sobre el espacio en el que
vaya a trabajar y después coloca la piedra negra
y las hierbas en el centro de la tela. Con los ojos cerrados,
la bruja visualiza una burbuja que envuelve su cuerpo,
a la vez que dobla el paño sobre sí mismo dejando
las hierbas y la piedra dentro. La bruja debe hacer
al menos tres pliegues en cada dirección. La idea es
que el paño lo sujete todo y que no haga mucho bulto.

El tres es un número protector y reforzará todavía más
las intenciones de la aprendiz, pero no pasa nada
si el paño se dobla más o menos veces. Ya con el paño
doblado con cuidado, quedando este firme y bien sujeto,
la bruja debe colocar un cordel alrededor.

La aprendiz debe enrollar el cordel desde el lado
más cercano a su cuerpo hacia fuera, no hacia dentro.
Una vez que el cordel sujete la tela con firmeza,
hay que hacer tres nudos para asegurarlo todo.

LAS BRUJAS GUARDAN ESTE AMULETO
EN EL BOLSILLO SIEMPRE QUE NOTAN
ALGÚN SENTIMIENTO RELACIONADO
CON LA TRISTEZA, EL ENFADO O EL MIEDO.

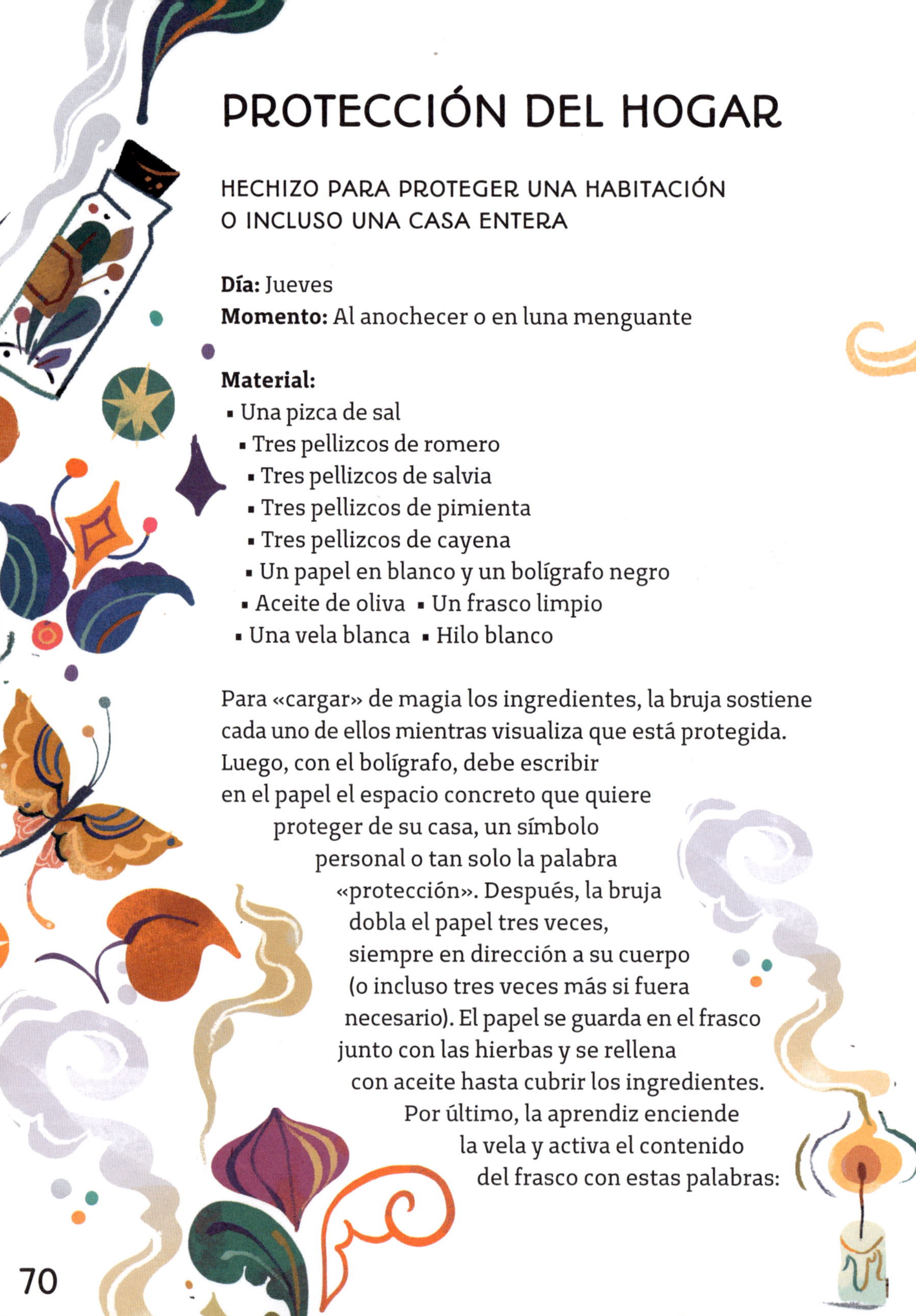

PROTECCIÓN DEL HOGAR

HECHIZO PARA PROTEGER UNA HABITACIÓN O INCLUSO UNA CASA ENTERA

Día: Jueves
Momento: Al anochecer o en luna menguante

Material:
- Una pizca de sal
- Tres pellizcos de romero
- Tres pellizcos de salvia
- Tres pellizcos de pimienta
- Tres pellizcos de cayena
- Un papel en blanco y un bolígrafo negro
- Aceite de oliva • Un frasco limpio
- Una vela blanca • Hilo blanco

Para «cargar» de magia los ingredientes, la bruja sostiene cada uno de ellos mientras visualiza que está protegida. Luego, con el bolígrafo, debe escribir en el papel el espacio concreto que quiere proteger de su casa, un símbolo personal o tan solo la palabra «protección». Después, la bruja dobla el papel tres veces, siempre en dirección a su cuerpo (o incluso tres veces más si fuera necesario). El papel se guarda en el frasco junto con las hierbas y se rellena con aceite hasta cubrir los ingredientes. Por último, la aprendiz enciende la vela y activa el contenido del frasco con estas palabras:

A continuación, hay que tapar el frasco y atar el hilo blanco
tres veces a su alrededor, ya que el 3 es un número poderoso.
Una vez hecho esto, la bruja puede enterrar el frasco en el jardín
de la entrada o colocarlo en el altar o en algún sitio seguro
de su casa (el salón, la cocina, el comedor o su habitación).

PROTECCIÓN PARA LAS MASCOTAS

HECHIZO PARA CUIDAR A LOS AMIGOS PELUDOS DE LAS BRUJAS

Día: Lunes
Momento: Por la mañana o en luna llena

Material:
- El collar o la chapa con el nombre de la mascota
- Un caldero o un plato resistente al fuego
- Sal ▪ Eneldo ▪ Lavanda ▪ Pimienta en grano
- Una vela blanca con soporte
- Un símbolo diseñado por la bruja

La bruja cubre el fondo del caldero con una generosa capa de sal y dibuja el símbolo que haya diseñado mientras dice: «Protección contra el daño para (nombre de la mascota)». A continuación, añade las hierbas y el objeto de su mascota encima para que sirva de amuleto. Por último, la aprendiz coloca la vela blanca (siempre bajo un soporte que recoja la cera) en el centro del collar o al lado de la chapa, enciende dicha vela y repite lo siguiente:

Las brujas repiten este hechizo cuando lo ven oportuno, o después de cualquier suceso alarmante que afecte a la seguridad de su mascota.

ALCANZAR UN OBJETIVO

Día: Lunes
Momento: Por la mañana o en luna llena

Material:
- Una vela o una velita calientaplatos
  de color naranja
- Hojas de menta
- Un bolígrafo viejo para la inscripción

La aprendiz inscribe su objetivo en la vela
a través de símbolos relacionados con su reto…
¡o escribiendo directamente eso que espera! Luego rodea
la vela con las hojas de menta antes de encenderla.

Entonces, la bruja se toma un instante para cerrar los ojos
y concentrarse en los motivos por los que desea lograr
su objetivo. No es necesario que la inscripción sea
algo hermoso y poético, ¡se puede ir al grano!

AQUÍ LAS BRUJAS SE RECREAN EN LA IDEA
DE ALCANZAR SU OBJETIVO HASTA QUE LA VELA
SE CONSUME POR COMPLETO. NO HAY NINGÚN
ENCANTAMIENTO PARA RECITAR, TAN SOLO
HAY QUE PASAR UNOS MOMENTOS VISUALIZANDO
CÓMO ESTE HECHIZO YA HA HECHO SU EFECTO.

AGUA DE LUNA

HECHIZO PARA AMPLIFICAR UN DESEO

Día: Cualquiera
Momento: En luna llena

Material:
- Agua potable
- Un frasco limpio
  o una botella de vidrio limpia

La Luna está conectada a las mareas
del océano y con el elemento del agua.
Por eso, muchas brujas creen que
el agua de luna puede canalizar el poder
del astro para amplificar la magia de un deseo.

El hechizo consiste en dejar agua dentro de un frasco
o de una botella durante una noche de luna llena.
De esta manera, la aprendiz puede utilizar el agua
que ha obtenido para amplificar sus deseos.

Por ejemplo, si una bruja quiere tener éxito en algún asunto,
puede beber un poquito de agua de luna por la mañana
mientras se visualiza a sí misma logrando lo que desea.
También puede añadir el agua de luna a cualquier cosa
para visualizar el éxito en casi cualquier situación.

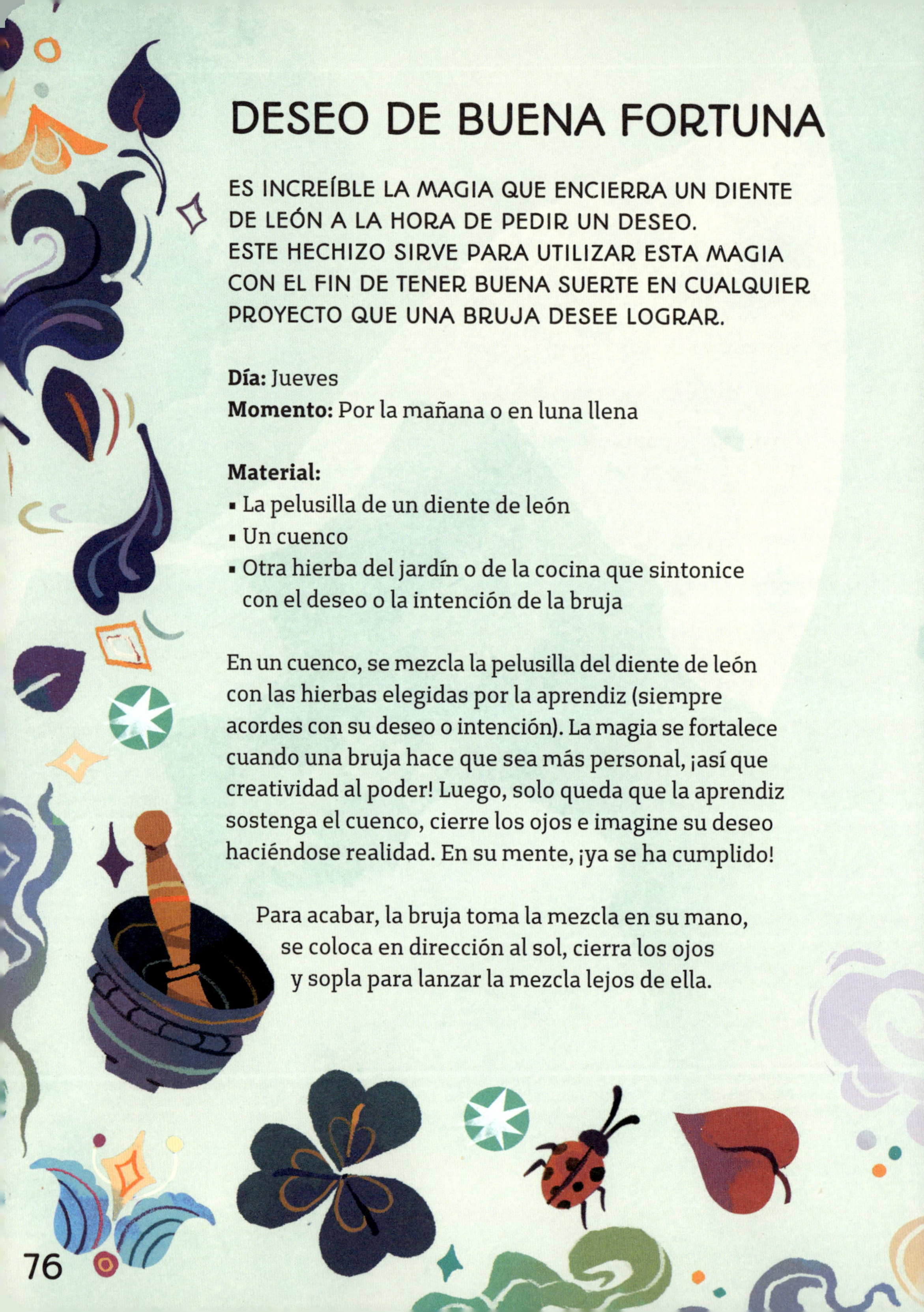

DESEO DE BUENA FORTUNA

ES INCREÍBLE LA MAGIA QUE ENCIERRA UN DIENTE DE LEÓN A LA HORA DE PEDIR UN DESEO. ESTE HECHIZO SIRVE PARA UTILIZAR ESTA MAGIA CON EL FIN DE TENER BUENA SUERTE EN CUALQUIER PROYECTO QUE UNA BRUJA DESEE LOGRAR.

Día: Jueves
Momento: Por la mañana o en luna llena

Material:
- La pelusilla de un diente de león
- Un cuenco
- Otra hierba del jardín o de la cocina que sintonice con el deseo o la intención de la bruja

En un cuenco, se mezcla la pelusilla del diente de león con las hierbas elegidas por la aprendiz (siempre acordes con su deseo o intención). La magia se fortalece cuando una bruja hace que sea más personal, ¡así que creatividad al poder! Luego, solo queda que la aprendiz sostenga el cuenco, cierre los ojos e imagine su deseo haciéndose realidad. En su mente, ¡ya se ha cumplido!

Para acabar, la bruja toma la mezcla en su mano, se coloca en dirección al sol, cierra los ojos y sopla para lanzar la mezcla lejos de ella.

¡ADIÓS, MALA SUERTE!

A VECES OCURREN UNA SERIE DE COSAS QUE
DEJAN CLARO QUE UNA BRUJA ESTÁ TENIENDO
UN POCO DE MALA SUERTE. ¡NOS PASA A TODOS!

Día: Sábado
Momento: Por la noche o en luna nueva

Material:
- Un trozo de papel en blanco
- Un bolígrafo negro
- Una vela de color verde o azul

En un trozo de papel, la aprendiz escribe todas las cosas
que le hayan salido mal últimamente. Después, debe
doblar el papel dos veces desde su cuerpo
hacia fuera y colocarlo debajo del soporte
que sostiene las velas. Por último, solo
hay que encender la vela y repetir
este encantamiento cuatro veces:

Mala suerte
del pasado reciente
te consume y arde,
en cenizas se vuelve.

¡FUERA PESADILLAS!

HECHIZO PARA MANTENER LAS PESADILLAS A RAYA
SIN QUE LE ARRUINEN EL DESCANSO A UNA BRUJA.

Día: Cualquiera
Momento: Antes de acostarse

Material:
- Un vaso
- Agua

Tras colocar un vaso lleno de agua hasta la mitad cerca
de la cama, la aprendiz remueve el agua con cuidado cinco
veces en el sentido contrario a las agujas del reloj y recita:

Pesadillas,
malos sueños,
sensaciones de espanto,
entrad en el vaso
y quedaos aquí
entretanto.

Al día siguiente, la bruja debe arrojar
el agua al retrete, tirar de la cadena,
enjuagar el vaso y dejarlo junto a la
cama, listo para poder llenarlo de nuevo
antes de irse a dormir la próxima noche.

SUEÑOS LÚCIDOS

SI UNA BRUJA TIENE UN SUEÑO LÚCIDO, SIGNIFICA
QUE ESTÁ CONSCIENTE MIENTRAS SUEÑA.
PARA ALGUNAS BRUJAS, LA CAPACIDAD DE MANEJAR
LOS SUEÑOS ES MUY DIVERTIDA Y REVELADORA.

Día: Cualquiera
Momento: Antes de acostarse

Material:
- Un trozo de cuarzo (opcional)

De usar el cuarzo, la aprendiz lo sostiene en la mano
y se concentra en transmitirle sus deseos mientras,
en voz alta o para sus adentros, repite tres veces:

Sueños lúcidos,
venid a mí.
Elegiré lo que
esta noche soñaré.
Lo que sueño
depende de mí.
Esto deseo,
que sea así.

Tras «cargar» de magia el cristal, la bruja lo guarda
en la mesilla de noche o cerca del lugar donde duerme.
Otra alternativa consiste en usar únicamente el conjuro
como un hechizo en sí mismo. El cuarzo tan solo
actúa como un contenedor físico, pero es opcional.

ENCONTRAR TU PROPIA VOZ

HECHIZO PARA QUE UNA BRUJA
OBTENGA VALOR Y AMPLIFIQUE SU VOZ

Día: Viernes
Momento: Por la mañana o en luna llena

Material:
- Un tarro de vidrio para la mezcla
- Un cuarto de taza de aceite de coco o de almendras
- Diez gotas de aceite de sándalo
- Tres capullos de flor de trébol
- Tres pellizcos de romero
- Tres pellizcos de pétalos de rosa machacados
- Tres pellizcos de pétalos de caléndula
- Siete esquirlas de cornalina o jaspe

Se mezclan todos los ingredientes, añadiendo
las esquirlas de cornalina o de jaspe en último lugar.
Luego, la aprendiz sostiene el tarro en sus manos
y visualiza una luz blanca alrededor mientras rebusca
en su memoria algún momento de su vida en el que
haya sentido máxima confianza.

Las brujas preparan
este hechizo
siempre que necesitan
darle un empujón
a su confianza,
o cuando deben hacer algo
que les hace sentir
timidez.

NUEVAS AMISTADES

Día: Viernes
Momento: Por la mañana o en luna llena

Material:

- Una piedra que sea agradable al tacto;
  a ser posible, alguna que haya pulido el agua
- Aceite de oliva
- Pétalos de flores
- Monda de naranja
- Un cuenco

Tras mezclar el aceite, la monda de naranja y los pétalos en un cuenco, la bruja remueve la mezcla en el sentido de las agujas del reloj y repite para sus adentros:

Atraigo las amistades
que van a durar.
Atraigo los lazos
que transmiten paz.
Atraigo a aquellos
que me darán felicidad.
No importa
lo que hayamos
dejado atrás.

A continuación, la aprendiz hunde la piedra
en la mezcla que ha preparado y luego la saca para
dejarla secar. Una vez que está totalmente seca,
la bruja se puede guardar la piedra en el bolsillo,
cerrar los ojos y repetir el conjuro.

LAS BRUJAS LLEVAN ESTAS PIEDRAS
CONSIGO A MODO DE AMULETO
PARA ATRAER NUEVAS AMISTADES.

RECUPERAR UNA AMISTAD

ESTE HECHIZO SIRVE PARA RETOMAR
UNA AMISTAD QUE SE HA ROTO. PERO
OJO: CUALQUIER RELACIÓN DE AMISTAD
NO PUEDE SOSTENERSE SOLO CON MAGIA.
¡LAS BRUJAS TAMBIÉN DEBEN CUIDAR
A SUS AMIGOS EN EL MUNDO REAL!

Día: Viernes
Momento: Por la tarde, en luna creciente o luna llena

Material:
- Una foto o dibujo de cada persona
  (la bruja incluida)
- Dos lazos de colores distintos (que representen
  lo máximo posible a las dos personas implicadas)
- Miel
- Un plato o una fuente

La aprendiz junta las dos fotos enfrentadas,
de forma que una quede mirando hacia la otra.
Luego, debe doblar las fotos tres veces (siempre
hacia su cuerpo) y atarlas con los dos lazos.

A continuación, la bruja coloca las fotos
enlazadas sobre el plato y las unta
con un poco de miel mientras repite
tres veces en voz alta lo siguiente:

El lazo se recupera,
las amistades se arreglan.
La puerta está abierta,
la sanación comienza.

¡ADIÓS, INSEGURIDADES!

ESTE HECHIZO AYUDA A LAS BRUJAS
A ENCONTRAR LA CONFIANZA EN SÍ MISMAS
Y A CREER EN SUS HABILIDADES.

Día: Jueves
Momento: Por la mañana, en luna creciente o luna llena

Material:
- Trébol · Monda de naranja · Pimienta en grano
- Aceite de oliva · Canela · Una botella con gotero

Tras mezclar todos los ingredientes en una botella,
la bruja deja reposar la mezcla en el altar durante
once días.

Una vez que la mezcla haya reposado, la aprendiz
puede aplicarse unas gotas en las muñecas antes
de afrontar cualquier situación en la que necesite darle
un empujón a su confianza, o cuando quiera hacerse oír.

DIARIO
DE UNA BRUJA

PÁGINAS PARA COMPONER HECHIZOS
Y ESCRIBIR LISTAS CON LOS INGREDIENTES
QUE NECESITA UNA BRUJA

ROBYN VALENTINE

es la creadora de *Tired Witch*, una plataforma que
está presente en diversos canales y redes sociales.
En este momento, Robyn se dedica a escribir libros
sobre brujas y también tiene un pódcast llamado
Coffee and Cauldrons.

FLAVIA SORRENTINO

vive y trabaja como ilustradora *freelance* en Roma,
donde creció. Adora su ciudad y el dicho «Roma no se hizo
en un día», en el que se inspira para buscar nuevas formas
de expresión y comunicación. Su arte le ha llevado por todo
el mundo, desde Francia hasta América… ¡y más allá!

LITERATURA**SM**•COM

Primera edición: julio de 2024

Dirección editorial: Berta Márquez
Edición ejecutiva: Patrycja Jurkowska
Coordinación editorial: Alejandra González
Dirección de arte: Lara Peces

Título original: *The Apprentice Witch*
Traducción del inglés: Margarita Arroyo

© del texto: Robyn Valentine, 2023
© de las ilustraciones: Flavia Sorrentino, 2023
© de la traducción: Margarita Arroyo, 2023
© Ediciones SM, 2024
   Impresores, 2
   Parque Empresarial Prado del Espino
   28660 Boadilla del Monte (Madrid)
   www.grupo-sm.com

ISBN: 978-84-118-2167-4
Depósito legal: M-29174-2023
Impreso en la UE / *Printed in EU*

Diseño gráfico
VALENTINA FIGUS